Die Insel Hiddensee
im Winter

Bilder und Geschichten

Texte
Karin und Bernd Blase
(Kloster)

Fotos
Bernd Blase

Inselwinter

Wenn im Herbst die Kraniche auf ihrem Zug in den Süden laut trompetend über unsere Insel fliegen, dann wissen wir: eine turbulente, arbeitsreiche Saison geht wieder einmal zu Ende. Ruhe kehrt ein. Der Winter ist nicht mehr weit.
Die Sommerhausbewohner machen ihre Häuser winterfest und kehren in ihre heimatlichen Gefilde zurück. Die Schiffe der „Weißen Flotte" fahren seltener und mit weniger Inselgästen an Bord. Im Sommer waren es wieder Hunderttausende, die Hiddensee besucht haben. Viele von ihnen haben uns gefragt: Was macht ihr eigentlich im Winter? Wie haltet ihr es in der unwirtlichen, kalten Jahreszeit auf dieser einsamen Insel aus?
Es ist gar nicht so leicht, eine überzeugende Antwort zu finden. Und unsere, manchmal vielleicht etwas zu schwärmerischen Geschichten über den Hiddenseer Winter stoßen oft auf erhebliche Skepsis. Wer kann sich schon einen Spaziergang oder eine Kutschfahrt nach Schaprode auf dem zugefrorenen Bodden bei stahlblauem Himmel oder eine einsame Wanderung durch die verschneite Heide vorstellen? Zugegeben, oft ist der Winter auf unserer Insel stürmisch, neblig und eisig kalt. Aber im Winterschlaf befindet sich kaum jemand. Für die meisten Insulaner geht die berufliche Arbeit, oft unter schwierigen Wetterbedingungen weiter, denken wir nur an die Fischer. Aber endlich kann auch eine Urlaubsreise geplant werden.
Jetzt finden wir auch Zeit füreinander, für Besuche bei Nachbarn, Freunden und Bekannten, für den Austausch aller Insel-Neuigkeiten beim Kaufmann. Und zu einem Erlebnis mit großem Unterhaltungswert können die „Dampfer"-Fahrten auf das „Festland" (Rügen ist gemeint) und retour werden, wenn sich die Norder und die Süder ihre Sicht auf die Inselprobleme näher erläutern. Aber es ist auch die Zeit, die innere Ruhe wiederzufinden, die im Trubel der Saison leicht verloren geht. Hiddensee-Enthusiasten, die die Insel schon in der Nachsaison besucht haben, kennen den besonderen Reiz des Hiddenseer Winters und nehmen tiefe Eindrücke mit nach Hause.
„Das eine bleibt allerdings für den, dem die Insel Hiddensee Heimat ist, bestehen: die Schönheit der Insel tritt im Winter in einer ganz eigenen Weise heraus, so stark, dass sie mit den Härten unseres Winterlebens zu teuer nicht erkauft werden kann" *(Gustavs, Arnold: Die Insel Hiddensee, Rostock 1954).*
So hat der alte Inselpastor Arnold Gustavs Fragen nach dem Winter auf der Insel beantwortet. Mit dem vorliegenden Bildband wollen wir versuchen, seine Worte wenigstens andeutungsweise zu bestätigen.

Noch ist kein Schnee gefallen. Die Hiddenseer Schafe grasen friedlich gemeinsam mit den von Schweden zum Überwintern zu uns gekommenen Kanadagänsen auf den Wiesen am Leuchtturm.

Die aus Nordrussland stammenden Nonnengänse haben schon eine weite Reise hinter sich. Auf dem Weg in ihr Überwinterungsgebiet an der deutschen und holländischen Nordseeküste rasten einige Hundert der attraktiven Vögel auch auf Hiddensee.

Ein häufiger Wintergast ist die Reiherente.

Alle Wasserflächen sind zugefroren. Die Schwäne finden kaum Nahrung. Nur zu gern lassen sie sich füttern.

Einsame Strandwanderung

Die Urlauber sind abgereist. Ich habe den ganzen Strand für mich allein. Was für ein Luxus. Die einzigen Spuren im Sand sind meine Spuren. Nein, doch nicht! Hier muss eine Möwe entlang gelaufen sein, und da sind die grazilen Fährten eines Strandläufers zu sehen.
Heute ist es fast windstill. Kleine, sanfte Wellen laufen am Strand aus. Sie bewegen nur feine Sandkörner oder Muschelschalen. Ob ich heute wohl einen Bernstein finde? Vielleicht ein paar winzige Splitter im Spülsaum. Im frisch angespülten grünen Seegras leuchtet – eine Apfelsinenschale. Eine Augenweide sind die Algen, die sich an den Buhnenpfählen angesiedelt haben. Sind auch Miesmuscheln dabei ?
Ich blicke auf und sehe weit im Süden eine menschliche Gestalt am Hassenort auftauchen. Heute habe ich eigentlich keine Lust, irgendjemanden zu treffen. Leicht missmutig verdrücke ich mich am nächsten Strandübergang in die Heide. Hier bin ich im Winter bei nebeligem Wetter besonders gern. Zwischen dem kräftigen Grün der Moose kommen die silbernen Rentierflechten besonders gut zur Geltung. Vielleicht treffe ich wieder das scheue Muffelwild?
Und da taucht plötzlich aus einem Kiefernwäldchen die in der Ferne gesehene „Gestalt vom Hassenort" vor mir auf. Es ist ein alter Bekannter aus Neuendorf, der genau wie ich den einsamen Strand genießen wollte und nun, genau wie ich, vor der plötzlich auftauchenden Person in die Heide ausgewichen war. Es gab ein ausgiebiges Palaver, das wir wegen der kalt werdenden Füße in der Gaststätte „Heiderose" fortsetzten.
Das ist das Schöne am Hiddenseer Winter: Die Insulaner haben endlich mal wieder Zeit und Lust, miteinander zu reden.

Ein winterlicher Strandspaziergang lässt jeden etwas Überraschendes erleben oder finden.

Sturm

Der Rundfunk meldete wieder eine Unwetterwarnung für die westliche Ostsee. Die wievielte war es in diesem Winter? Orkanartige Böen werden erwartet. Das ist nichts Ungewöhnliches für Hiddensee. Unsere Häuser werden sich hoffentlich wieder tief genug vor dem Sturm wegducken. Alle Fenster und Türen sind fest geschlossen. Auch die vom Schuppen? Noch ein prüfender Blick auf das Dach.
Über viele Wochen ertragen wir nun schon starke Winde aus westlichen Richtungen, die Wasser aus der Nordsee in die Ostsee drücken. Die Ostsee hat inzwischen einen ungewöhnlich hohen Wasserstand erreicht. Hoffentlich bekommen wir nicht plötzlich Sturm aus östlicher Richtung. Dann ist mit dem befürchteten Jahrhunderthochwasser zu rechnen, von dem wir in letzter Zeit verschont blieben. Aber auch „normale" Hochwasserstände und entsprechender Sturm haben in diesem Jahr wieder zu erheblichen Landrückgängen an der Steilküste und auch am Hiddenseer Flachland geführt.
Die Ortslagen sind alle sicher eingedeicht. Aber wann wird es zu dem vorausgesagten Inseldurchbruch am Gellen oder im Heidegebiet zwischen Vitte und Neuendorf kommen? Einige Häuser südlich von Vitte stehen schon gefährlich dicht am Strand. Wie lange werden die Dünen halten? Der angekündigte Sturm hat unvermittelt eingesetzt. Mal sehen, wie es am Strand aussieht. Die Wellen brechen sich am Steinwall in Kloster mit ungeheurer Wucht. Der Wind treibt die Gischt bis auf die Straße. Naturgewalten kümmern sich nicht um menschliche Bedürfnisse. Und Bauwerke des Küstenschutzes widerstehen nur eine begrenzte Zeit, müssen ständig erneuert werden.
Naturgewalten, wie die Eiszeit, haben Hiddensee geschaffen und Naturgewalten werden sie, in hoffentlich sehr weiter Zukunft, wieder verschwinden lassen. Wir müssen mit ihnen leben.

Winterstürme bringen den ersehnten Bernstein. Das Bernsteinfischen erfordert harte Männer. Die weniger Mutigen begnügen sich mit einer bescheideneren Ausbeute bei der Suche zwischen den angeschwemmten Miesmuscheln.

Strandfunde

Das Wahrzeichen der Insel Hiddensee, der Leuchtturm auf dem Dornbusch, ist immer ein lohnendes Ausflugsziel.

Eine Wanderung auf dem Hochuferweg von Kloster bis zum Swantiberg wird mit herrlichen Ausblicken belohnt.

Bei Sturm und hohen Wasserständen können die Wellen mit ihrer gewaltigen Energie am Fuß der Steilküste erhebliche Mengen Material abtragen. Das Kliff wird instabil. Ist der Boden außerdem noch durch intensive Niederschläge aufgeweicht, kommt es oft zu großen Abbrüchen. Eine Wanderung am Strand der Steilküste ist dann nicht zu empfehlen, auch wenn sich gerade jetzt die Suche nach Fossilien, wie Donnerkeile oder Seeigel, sicher lohnen würde.

Kunstwerke

Altlasten

Der Winter 1978/79 ist besonders eisig. Bodden und Ostsee sind zugefroren. So weit das Auge reicht, ist nur Eis zu sehen. Wo ist das vertraute Geräusch der Brandung? Über Land und Meer liegt eine fast beängstigende Stille, die von dem gelegentlichen Knacken des sich bewegenden Eises eher verstärkt wird. Zwei Soldaten der auf Hiddensee stationierten Grenzbrigade Küste sind am Weststrand auf ihrem täglichen Kontrollgang unterwegs. Da entdecken sie eine breite Schleifspur, die von der Heide über Düne und Strand auf das Eis hinausführt. Hat es hier einer gewagt, die Staatsgrenze der DDR zu verletzen? Haben sie hier die Spuren einer versuchten Republikflucht entdeckt? Die Genossen gehen der Spur auf dem Eis nach und werden fündig: Draußen auf dem Eis liegt ein altes Sofa, das für eine Reise auf einer Eisscholle vorgesehen war, um dann hoffentlich in der Ostsee zu versinken. Aus dieser kostenlosen Entsorgung wurde nichts. Die Spur war auch landseitig gut zu verfolgen.

Heinrich Berg, ehemaliger Lehrer auf Hiddensee, schreibt nach dem strengen Winter 1923/24:

„Kein Fremder betritt die Gestade unseres Eilandes im Winter für längere Zeit. Es ist in dieser Hinsicht merkwürdig, dass noch keiner der vielen Großstädter, die hier in den Ortschaften Hiddensees Landhäuser besitzen und die doch Zeit haben, den ganzen Sommer hier zu verbringen, es bis jetzt gewagt hat, auch einmal einen Winter auf Hiddensee zu verleben. Ich kenne nur einen Herrn aus Stralsund, der uns auch im Winter öfter einmal für längere Zeit Gesellschaft leistet, und dieser Herr hat mir erklärt, dass seine Sehnsucht nach der Insel im Winter stets größer sei, als im Sommer. Wenn die Gäste uns im Herbst verlassen, so überlassen sie uns die Abgeschlossenheit und Einsamkeit der Insel zum alleinigen Genuss. Sie wissen nicht, dass sie uns damit das Beste lassen, was Hiddensee zu bieten vermag. Einsamkeit ist allerdings ein relativer Begriff. Der an das Getriebe der Großstadt gewöhnte Badegast hält schon im Gegensatz zu uns das Leben und Treiben der Hochsaison in einem kleinen Badeort für Einsamkeit. Man kann wohl auch im schlimmsten Rummel der Stadt einsam sein. Aber es ist nicht die Einsamkeit, die der Winter auf Hiddensee uns bietet, die uns die große, schöne und eigenartige Natur unseres Eilandes allein genießen lässt. Ist es nicht schöner, sich von einsamer Höhe des herrlichen Rundblicks zu erfreuen, ohne durch das Gejohle und Geschrei seiner lieben Mitmenschen gestört zu werden? Und ist der Strand nicht schöner und natürlicher, wenn die herbstlichen Stürme und Fluten die Sandburgen wieder eingeebnet haben?“

Berg, Heinrich: Hiddensee im Winter. In: Hiddensee. Hrsg. E.Garduhn. Stettin 1924

Vom „Inselblick“ aus liegt einem ganz Hiddensee zu Füßen. Am Horizont sind bei klarer Sicht die Türme der Hansestadt Stralsund zu erkennen.

Die Sonne versucht den dichten Nebel zu durchdringen, der die Insel in der Nacht eingehüllt hat.

Spuren im Schnee

Winterschönheit

Natürlich ist die Dünenheide zur Zeit der Heideblüte eine Attraktion. Aber auch im Winter lohnt sich hier ein Spaziergang, zumal man sich dann sicher sein kann, meist nur Fuchs, Hase, Reh und Muffelwild zu begegnen.

Der Bodden hält Winterschlaf.

Häufig fragen Hiddensee-Urlauber: Was macht ihr eigentlich im Winter?

Winterruhe

Engels & Corrigan GbR
FAHRRADVERLEIH
Tel.: 0160 - 92 94 56 66

Winterfreuden

Die Gerhart-Hauptmann - Gedenkstätte in Kloster…

…und die Galerien freuen sich im Winter über jeden Besucher.

Sommerhäuser in Kloster warten auf den Frühling.

Unsere Inselkirche in Kloster

Weihnachten

Weihachten ist auch auf Hiddensee ein besonderes Fest.
Am Heiligen Abend ist der Gang zur Kirche Tradition. Unser Inselpastor hat es an diesem Tag nicht leicht. Ein Gottesdienst in Neuendorf und zwei in Kloster sind zu bewältigen. Die Kirche ist bis auf den letzten Platz gefüllt, auch viele Gäste sind da. Am Tannenbaum brennen noch richtige Kerzen. Das Krippenspiel der Hiddenseer Kinder bewegt unsere Herzen. Der Kirchenchor sorgt für eine festliche Stimmung. Wir singen die alten Weihnachtslieder und die Weihnachtsgeschichte wird auf Plattdeutsch erzählt. Wie immer hält der Pastor in seiner gewohnt optimistisch-mitreißenden Art eine Predigt, über die es sich lohnt nachzudenken und über die gesprochen wird. Man freut sich, Nachbarn und Bekannte zu treffen, Hände werden geschüttelt, man wünscht sich ein frohes Fest. Ein Gefühl der Freude und Zusammengehörigkeit stellt sich ein. Sind die Geschenke jetzt noch wichtig? Auf jeden Fall der gut gebutterte und gezuckerte echte Dresdener Stollen, den uns unsere Freunde wie immer geschickt haben.

„Die furchtsamen Neuendorfer“

„Es war in dem Jahr, als der Leuchtturm von Hiddensee fertig gestellt worden war. Da waren die Neuendorfer zum Weihnachtsfest nach Kloster zur Kirche gekommen. Als sie nun nach der Feier wieder nach Süden gingen, da war es dunkel, und der Leuchtturm sandte zum ersten mal sein kreisendes Licht über die Insel in die Weite. Die Neuendorfer gingen gerade über die Wiesen zwischen Kloster und Vitte und sahen, wie es immer abwechselnd hell und dunkel wurde, und wie ein Lichtschein über sie hinschwebte und wieder verschwand. Und neben ihnen schien ein schwarzer Mann zu gehen, und es wurde ihnen unheimlich, und sie fürchteten sich. Sie gingen schneller, aber die Gespenster wollten nicht von ihnen weichen. Schweißgebadet kamen sie in Vitte an und erzählten, dass ihnen die weiße Frau und der schwarze Mann unterwegs erschienen seien, gerade am heiligen Weihnachtsabend.
Dass die weiße Frau jedoch das Licht vom Leuchtturm und der schwarze Mann ihr eigener Schatten gewesen sei, das wollten sie nicht wahr haben.“

Findeisen, Hans: Sagen, Märchen und Schwänke von der Insel Hiddensee. Stettin 1925

Jahreswechsel

Es ist noch gar nicht so lange her, da gingen wir in der Silvesternacht, höchstens mit ein paar Wunderkerzen bewaffnet, auf den Hexenberg, um den Jahreswechsel zu begehen. Zusammen mit vielen anderen warteten wir auf das Läuten der Glocken unserer Inselkirche und das traditionelle Tuten der Schiffe, die so das neue Jahr begrüßten.
Heute ist Silvester ohne den massiven Einsatz von pyrotechnischen Erzeugnissen auch auf Hiddensee leider nicht mehr denkbar. Schon am Nachmittag knallt es auf den Straßen, und um Mitternacht wird auf dem Dornbusch und in den Orten ein beachtliches Feuerwerk abgebrannt, offensichtlich ohne daran zu denken, dass auf Hiddensee viele Häuser mit Schilf gedeckt sind. Die mit einem solchen Dach gestraften Hausbesitzer beobachten dann mit bereit liegendem Wasserschlauch das Geschehen.
Auch Tiere sind offenbar nicht sehr begeistert von dem unverständlichen menschlichen Treiben. So kam einmal Purzel, der Hund unseres Nachbarn, durch das silvesterliche Inferno völlig verängstigt, zu uns gelaufen, um sich unter dem Sofa zu verstecken. Erst als sich die Lage beruhigt hatte, rannte er mit immer noch eingeklemmtem Schwanz wieder nach Hause.
Wäre ein Feuer am Strand nicht ein schöner Ersatz für die teure Knallerei? Dann wären auch die Glocken wieder zu hören.

Nordwind

Das Wetter ist recht gut. Ein ordentlicher Nordwind, von dem in Kloster nichts zu spüren war, sorgt für eine außergewöhnlich flotte Fahrt in Richtung Neuendorf. Wann kann ich schon einmal den siebten Gang an meinem Fahrrad einschalten. Die Straße habe ich ganz für mich allein. Dicht am Weg grasen Nonnengänse. Sie scheinen mich nicht zu beachten. Weit reicht mein Blick über die Heide. Drei Rehe gucken mir neugierig nach. Ist Hiddensee im Winter nicht besonders schön? Was habe ich für ein Glück, hier leben zu dürfen.

Ein Radfahrer kommt mir von Süden entgegen, tief über den Lenker gebeugt, die Mütze weit ins Gesicht gezogen. Ich rufe ihm ein fröhliches „Guten Morgen“ zu. Er blickt nicht einmal auf. Nun, nicht immer sind Hiddenseer freundlich.

Meine Pflichten in Neuendorf sind schnell erledigt, und ich mache mich frohgemut auf den Rückweg. Der Wind scheint kräftig zugelegt zu haben. Selbst im ersten Gang komme ich kaum voran. Ich quäle mich mächtig. Jedem Baum und Strauch, der mir etwas Windschutz bietet, bin ich dankbar.

Mein geschundener Körper rät mir, zu Fuß zu gehen. Aber wie sieht das aus, wenn man mich das Fahrrad schieben sieht. So alt bin ich nun auch wieder nicht. Und richtig, da kommt mir ein Radler in rasanter Fahrt entgegen. Fröhlich winkt er mir zu. Ich schaue nicht auf. Der muss auch wieder zurück. Nun setzt auch noch eiskalter Schneeregen ein. Meine Hose klebt nass und kalt auf den Beinen.

Heute Abend wird der Fernseh-Wetterfrosch sicher von einer gefühlten Temperatur von minus 25 Grad sprechen müssen. Mir fällt der passende Spruch ein: Der Nordwind kann wehen, woher er will, er ist immer kalt. Aber es ist kein Wind, sondern ein Orkan und er ist nicht kalt, sondern mehr als eisig. Ich hadere mit meinem Schicksal. Wie gut haben es doch die Leute in der Stadt, die bequem mit Bus oder Bahn fahren können. Völlig ausgepumpt komme ich in Kloster an.

Ein alter Kumpel trifft mich: „Warst du bei diesem Wetter etwa in Neuendorf? In deinem Alter solltest du dir ein Elektrofahrrad anschaffen.“ „Mi mokt dat nix ut,“ presse ich freundlich zwischen den Zähnen hervor und beeile mich, unter die heiße Dusche zu kommen.

Wanderung übers Eis

In besonders strengen Wintern kann die Eisdecke der Boddengewässer so stark werden, dass an eine Schiffsverbindung nach Rügen geschweige denn nach Stralsund nicht zu denken ist.
Das Eis verbindet die Insel mit Rügen, Hiddensee wird zum „Festland".
Gut erinnere ich mich an den besonders harten und langen Winter 1962/63, in dem nicht nur die Bodden, sondern auch die gesamte Ostsee eisbedeckt waren. Den Greifswalder Bodden, an dem ich damals wohnte, bedeckte bereits eine bis zu 60 cm dicke Eisschicht. Ich konnte also von ähnlichen Verhältnissen auf dem Schaproder Bodden ausgehen und versprach, zu einer Geburtstagsfeier nach Vitte kommen zu wollen.
An einem herrlichen, windstillen und sehr kalten Tag machte ich mich auf die acht Kilometer lange Wanderung von Schaprode, über die Insel Öhe nach Hiddensee. Die Sonne ließ die Schneekristalle auf dem Eis wie Diamanten funkeln. Wie auf einer Landkarte waren Fahr- und Wanderspuren nach Neuendorf und Vitte auf der endlos scheinenden Eisfläche zu erkennen, zuverlässig abgesteckt von den verdienstvollen Hiddenseer Eislotsen. Sie hatten auf dem Eis das Sagen, und alle vertrauten ihren Erfahrungen. Ihnen ist es zu verdanken, dass Pferdeschlitten in Eiswintern die Versorgung der Insel mit dem Notwendigsten sichern konnten.
Die Geburtstagsfeier war kurz. Noch am selben Tage musste ich zurück. Auf dem Eis war ich nicht allein. In der Ferne sah ich einige Pferdeschlitten. Und ich traf noch zwei unentwegte Wanderer. Ein wunderbarer Sonnenuntergang verzauberte das Land, färbte den Schnee auf dem Eis rot. Müde, aber stolz kam ich zu Hause an. Ich hatte einen unvergesslichen Tag erlebt.

Pferdeschlitten auf dem Schaproder Bodden im Eiswinter 1962/63

Der harte Winter 1995/96 ließ den Bodden dick zufrieren. Obwohl keine behördliche Genehmigung vorlag, entwickelte sich zeitweise ein reger Verkehr zwischen Schaprode und Neuendorf zu Fuß, per Kutsche oder mit dem Auto. Zeitweise glich der Hafen in Neuendorf einem Parkplatz.

Ortsunkundige sollten das Eis aber besser nicht betreten. Schnell kann man bei plötzlich auftretendem Nebel die Orientierung verlieren und an Stellen mit stärkerer Strömung, wie zwischen Seehof und der Fährinsel, ist das Eis gefährlich dünn.

Im strengen Eiswinter geht zeitweise nichts mehr. Rasch weht der Sturm die Straße zu.

Ein Hubschrauber muss den Personen- und Frachttransport zwischen Hiddensee und Rügen übernehmen.

In der Not kommt schnelle Hilfe aus der Luft.

TORFLUG
NOTARZT
JOHANNITER
POLIZEI
POLIZEI
NOTARZT

Besonders im Winter sollte man auf Hiddensee ein dickes Fell haben.

Das Eis hat die Fischerboote fest im Griff – nur die Großen kommen durch. Ist der Frost zu streng, muss die „Vitte“ auch mal nachts fahren, um die Fahrrinne offen zu halten.

Texte
Karin Blase und Bernd Blase

Fotos
Bernd Blase

Bildnachweis
Uta Gau: Seite 52, 59, 65, 80
Volker Schrader: Seite 8-9

Lektorat
Katharina Beier

Layout
Volker Schrader

Typografie
Christine Thurow

Printed in Germany
druckhaus köthen GmbH

Karin und Bernd Blase
Siedlung 6
18565 Kloster

Tel: 038300/324
Mail: blase.hidd@t-online.de

ISBN: 978-3-00-022106-4